了不起的中国人

火

给孩子的

中华文明百科

狐狸家 ◎ 著

四川少年儿童出版社

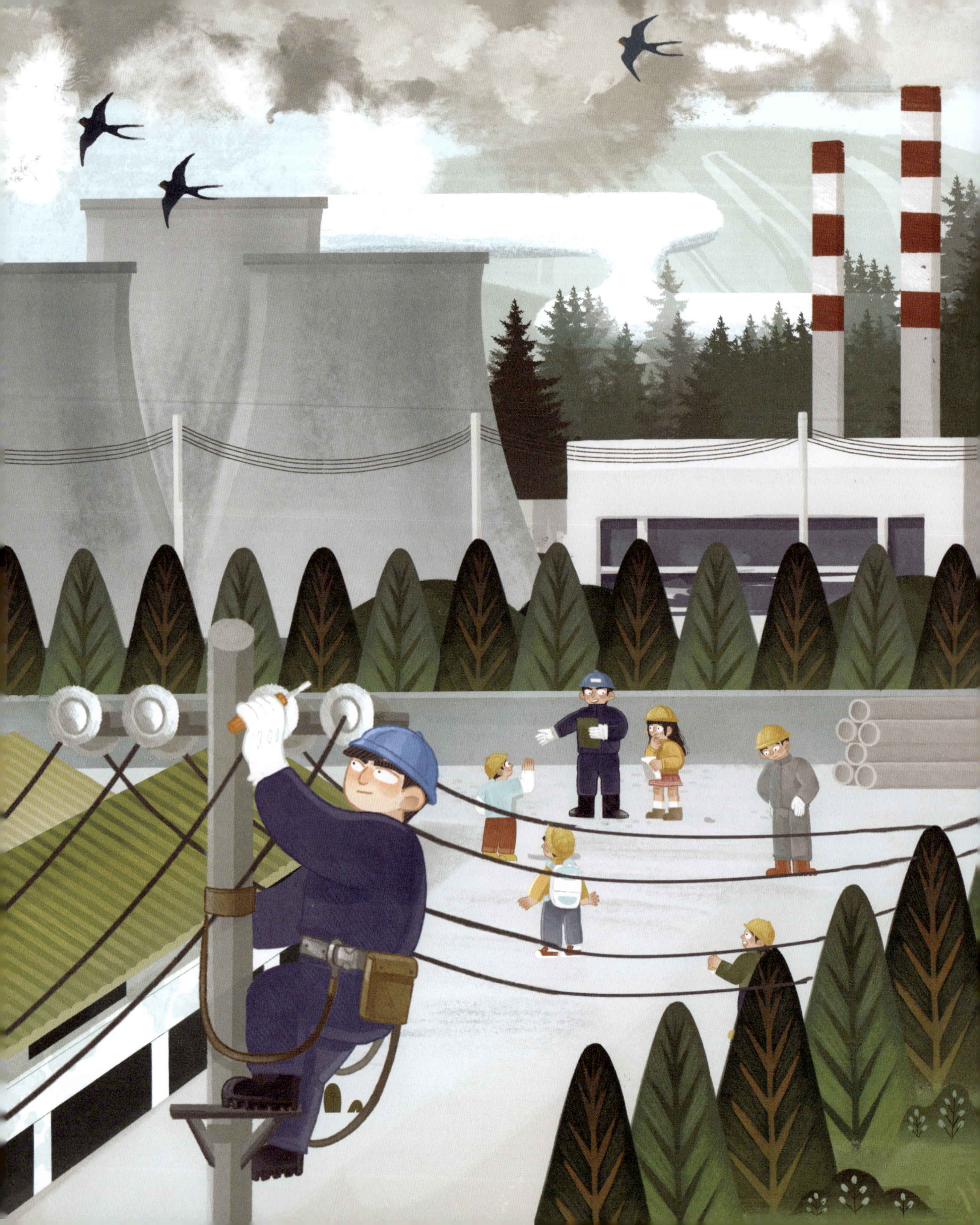

灿烂的中华文明史——火

火,当你注视它的时候,是不是既好奇又不敢伸手去碰?它温暖又危险,本是大自然中令人敬畏的现象,却在偶然间被人类发现各种用处。它驱逐黑暗,带来光明。明亮的火焰,照亮了五千年中华文明的前行之路。

远古时代,人类不仅因吃生的食物而被病菌和疾病威胁,还要时刻警惕凶猛的野兽在身边出没。一道道闪电击中了荒野里的枯木,瞬间燃起熊熊大火。火焰不但吓跑了野兽,还意外地烤熟了食物。人类见识到了火的力量,从此,他们又多了一件帮助生存的武器。

聪明的中国人在火焰中铸造了伟大的文明。从烧制陶瓷到冶炼金属,从取暖照明到烹饪食物,从油气勘探到航天燃料……创造的火种被一代又一代人传递,文明的灯塔因此长明不熄。

亲爱的朋友,让我们一起用心感受这明亮的火焰的故事。

| 金 | 木 | 水 | 火 | 土 |

金、木、水、火、土,是中国每个小学生最先从课本上认识的汉字,也是我们祖先对世界的最初理解。他们认为,正是这五种基础元素相互作用、变化,构成了这个美丽而丰富的世界。

目录

页码范围			
6-17	火：文明之光 6-7	了不起的原始取火 8-9	了不起的刀耕火种 10-11
18-29	了不起的御火术：窑 18-19	了不起的御火术：鼓风机和高炉炼铁 20-21	了不起的御火术：蒸馏 22-23
30-41	了不起的御火术：照明 30-31	了不起的御火术：取暖 32-33	化为灰烬的珍宝：焚书与火烧咸阳宫 34-35
42-53	中国人的信仰：火与神话幻想 42-43	了不起的传统灯彩 44-45	了不起的火树银花 46-47
54-65	了不起的现代火力发电 54-55	了不起的现代煤炭开采 56-57	了不起的现代石油勘采 58-59

| 了不起的存火和取火术 12-13 | 与火有关的中国智慧 14-15 | 了不起的古代燃料 16-17 |

| 了不起的御火术：熬盐 24-25 | 了不起的御火术：烹饪 26-27 | 中国人灶台上的美味 28-29 |

| 了不起的军事：火攻与《孙子兵法》 36-37 | 长生不老的寄托：炼丹 38-39 | 了不起的火药 40-41 |

| 了不起的消防：水龙车与救火会 48-49 | 中华文明与世界·火之篇 50-51 | 了不起的现代消防 52-53 |

| 了不起的"西气东输"工程 60-61 | 了不起的现代军工与航天燃料 62-63 | 火的小课堂 火的小趣闻 64-65 |

火：文明之光

在人类还不懂得如何使用火的远古时代，当太阳下山、黑夜降临时，野兽的吼叫声此起彼伏，我们的祖先们只有躲藏起来，因寒冷和恐惧而瑟瑟发抖。没有火，他们只能吃生的食物，因此经常生病。后来，人们在自然界的火灾中发现火焰不但能照明，还能用来抵御寒冷、驱逐野兽。于是，他们在惊喜中开始学习保存和使用火。

自然火
火存在于大自然中。雷电击木、火山喷发等自然现象都会引发自然火。

雷电击木
雷电击中树木，引发野火。

火给人们带来了温暖，同时使人们得到了熟食。食物被火烤熟以后，毒性降低，更易消化，祖先们也因此变得更加健康。当祖先们开始吃上熟食时，只能吃生肉的时代便结束了。中华文明的火种，在这一刻亮了起来。

拾柴
祖先们拾取柴火，作为燃料烧熟食物。

熟肉
死于森林大火中的动物被烤熟了，熟肉散发出诱人的香气。

原始烹饪
祖先们把切成块的肉放在石板上，在石板下面烧火，利用滚烫的石板把肉烤熟。

7

了不起的原始取火

在中国远古神话中有个"燧(suì)明国",据说那里生长着巨大的"燧木"树,树上生活着一群神奇的鸟儿,这些鸟儿用嘴去啄树干时,树干会发出明亮的火光。传说中,我们的祖先从这些鸟儿身上学到了生火的方法。他们取下树枝摩擦木头,或是用硬木棒去钻另一根木头。慢慢地,白烟升起,火星出现,祖先们就这样获取了火种。掌握了取火的方法后,他们再也不用艰难地从自然界中取火了。

燧木
传说中的一种树木,神话人物燧人氏利用这种树木的枝条钻木取火。

钻木取火
用硬木棒摩擦或钻木头,会使木头的温度不断升高,最后被点燃。

学会钻木取火的技术后，祖先们又发现用特定的石块相互敲击会冒出火星。他们把这种石头叫作"燧石"。远古时大地上布满山林，有不少燧石裸露在外，祖先们用石头追打野兽时，石块和燧石相撞，产生的火星点着了枯枝。受此启发，祖先们学会了敲打燧石取火。

燧石
俗称火石，很坚硬，在原始时代常被做成各种石器。

击石取火
燧石相互击打，会产生火花，可以用来引火。

了不起的刀耕火种

你去过农村吗？平坦的田野上，整齐的水稻或小麦随着风像波浪一样起伏，看上去真是漂亮！但在老祖宗们生活的时代，土地可没有这么平整，地面长满了杂乱的野草树木。祖先们想种庄稼，需要先砍掉植物的枝叶，再用火烧掉植物剩下的根茎。大火随风蔓延，所过之处各种灌木杂草被"打扫"得干干净净。冒着青烟的土地，等待着播下种子。

放火
放火焚烧的时间很重要。烧早了，灌木杂草容易重新生长；烧晚了，又会耽误种植庄稼。

树桩
砍伐树木时会留下树桩，过几年树桩长出树叶后会被重新砍伐。

砍伐灌木
放火焚烧之前，祖先们先用石斧把地面上的植物砍掉。

种植
人们小心翼翼地播种，尽量不破坏地表的草木灰，让庄稼能够吸收更多的养分。

被火烧过的土地会变得松软,不用翻地就可以直接种植庄稼了。祖先们用一根尖尖的木棒,在烧过的地上戳出一个个小洞,把种子撒进洞里,再把小洞踩平,播种就这样完成了。植物燃烧形成的草木灰是养分充足的肥料,可以让庄稼更茁壮地成长。刀耕火种,是人类原始时代最常用的耕作方式。

焚烧
火焰会烧掉土壤中的草籽和虫卵,避免它们影响庄稼生长。

草木灰
不但含有多种营养,还能帮助土地保暖。

游耕
人们在被烧过的土地上种植两三年以后,就会放弃这块土地,重新选一片地方刀耕火种。这种不断换地方的耕种方式叫作游耕。

了不起的存火和取火术

温暖和安全的生活离不开火。可对祖先们来说，取火并不是件容易的事。怎样才能把火种长久保存下来呢？起初，人们不断向火堆里扔木头和树叶等燃料，保持火焰一直燃烧，可火堆无法移动，而且必须要有人守着。要是能随身携带火种，随时随地生火就好了。祖先们发明出更方便地保存火种的方法，比如把火种保存在陶制的火种器里。

添柴
为了确保火一直燃烧不会熄灭，祖先们不停地向火堆里添柴。

火种器
火种器的样子像一个陶罐。把燃烧的火炭放进罐里，用黑炭覆盖后盖住罐口。需要时，打开罐口吹火，火苗便会重新燃起来。

后来，祖先们取火的办法越来越先进。春秋时期，出现了利用太阳光取火的工具——阳燧。阳燧像一面神奇的镜子，光滑的镜面把阳光聚集到一个小点上，引燃取火用的艾绒等燃料。很久之后又出现了火折子。把缓慢燃烧、不见明火的纸筒和干芦苇等易燃物塞在竹筒里，盖上留缝，保持里面的火种不熄灭。需要用火时打开盖子一吹，火苗就会起来。小巧的火折子生火方便，便于携带。

磷

硫磺

松香

阳燧
阳燧是用金属制成的，模样像一个凹进去的圆盘，盘面非常光滑。

火折子
有的火折子里塞有松香等易燃物，生火更容易。

草绳
一些地方的人们将白蒿等干草编成的长草绳一端点燃，既是火种，又可以驱除蚊蝇。

与火有关的中国智慧

万户飞天

火在燃烧时会释放热量，产生热气，形成推力——这个秘密在很早以前就被中国人发现了。明朝有个被称为"万户"的人，他有一个飞上天空的梦想。为了实现这个飞天梦，他手里拿着风筝，坐在一把捆绑着47支火箭的椅子上。万户叫仆人点燃火箭，火箭燃烧，带着他冲向了空中……万户虽然失败并献出了生命，但他的飞天梦，激励了后世的所有人。

众人拾柴火焰高

木柴是古人取暖做饭的常用燃料。一根木柴燃烧的时间有限，烧的火也不旺。但如果人们都找来木柴放进火里，小小的火焰就会变成冲天的熊熊烈火。中国人常用"众人拾柴火焰高"这句话形容人多力量大。

火中取栗

火可以烧熟食物，但人如果不小心也很容易被火烧伤。在一则寓言故事里，一只猴子把栗子放在火里烤熟，然后骗猫去替它取出来，猫爪上的毛都被烧掉了，却没有吃到栗子。中国人常用"火中取栗"比喻被别人利用，干了危险的事却一无所获。

城门失火，殃及池鱼

传说在春秋时宋国都城的城门着火，火势很大，老百姓和士兵都跑去救火。其他地方的水源离得太远，人们就取护城河水来灭火。大火终于被扑灭了，但河里的鱼却因缺水而死。后来，中国人常用"城门失火，殃及池鱼"形容无辜被牵连而遭受祸害。

只许州官放火，不许百姓点灯

　　人们发现火可以用来照明，后来发明了灯。据传，古时候有个人叫田登，是一个州官。他不喜欢别人直呼他的名字，连和"登"同音的"灯"也不能说，于是百姓们只能将"点灯"说成"点火"。一次节日时，他手下小吏贴出的榜文上，"放灯三日"竟然写成了"放火三日"！后来，人们常用这句话形容反动的统治者可以为所欲为，人民的正当权利却受到各种限制。

飞蛾扑火

　　火可以带来温暖，驱逐黑暗。一些具有趋光性的昆虫会不由自主地飞向火堆等光源。但是火的温度非常高，如果近距离直接接触它会被伤害。飞蛾扑火便是如此，小小的飞蛾执着地扑向炽热的火光，自己的生命之火却在瞬间熄灭。

炉火纯青

　　不同温度的火焰颜色是不一样的，人们通过观察火焰的颜色便可以大致判断出火的温度。相传，古人炼丹需要非常高的温度，当炽热的炉火变成纯蓝色时，炼丹就算大功告成了。"青"在古代常指蓝色，中国人爱用"炉火纯青"来称赞一个人的修养、学问和技术等达到了完美的境界。

火眼金睛

　　能够在燃烧中创造新物质的火焰，引起了人们许多浪漫的想象。在古典文学名著《西游记》里，主人公孙悟空在大闹天宫之后，被太上老君关进了八卦炉。结果，孙悟空不但没有被烧死，双眼反而被炼成了"火眼金睛"，能识别妖魔鬼怪。现实生活中，人们常用"火眼金睛"形容一个人眼光敏锐、善辨是非。

了不起的古代燃料

熊熊燃烧的烈火离不开燃料。随着文明的发展,祖先们开始把木柴和竹子堆在窑里烧成木炭。比起木柴、竹子,木炭燃烧的温度更高,可以烧得更久,产生的烟也更少。此外,人们还发现了一种可以燃烧的"黑色石头"——煤。由于可以直接从自然界开采,煤炭是更适合大规模冶炼的燃料。

木柴

烧木炭
木炭是过去人们常用的燃料。有一些人在大山中伐木烧炭,以卖炭为生。

木炭

煤炭

煤矿
中国采煤历史悠久,早在先秦时期,人们就开始挖煤。宋代以后,煤炭被更加广泛地使用。

无论是取暖照明，还是烧水做饭，都离不开火。过去的普通人家在日常生活中更喜欢使用那些身边可以找到的天然燃料，像树木、竹子、芦苇，还有庄稼收割后留在地里的秸（jiē）秆等，甚至牛的粪便，在一些地区也被人们当作燃料呢。聪明的中国人想方设法，给火焰找来五花八门的"食物"，生活的滋味飘荡在一户户人家的炉火里。

干粪 吃草的牛羊拉出的粪便，虽然气味臭烘烘的，但含有很高的植物纤维，干燥以后是很不错的燃料。

收集牛粪

秸秆和芦苇
庄稼收割后，田野里剩下的秸秆可以用来烧火煮饭。芦苇、茅草等常见草木，也是各地农家常用的生活燃料。

晒牛粪
湿漉漉的牛粪被贴到墙上，经过风吹日晒，变成结实的粪饼。农家用粪饼做燃料，烧出香喷喷的饭菜。

秸秆

芦苇秆

了不起的御火术：窑

窑是专门烧制各种器物的地方，它已有5000多年的历史。窑里的窑火像是一位魔术师，不同的泥土经它煅烧，变成陶瓷、砖瓦等有用的材料；但它又像是一匹野马，温度忽高忽低，难以把控。在过去，放进窑里的东西想要烧制成功，困难之一就在于如何有效控制窑火的温度。

馒头窑剖面图

馒头窑
这种外形像馒头的窑最早出现于西周，独特的形状有助于保持窑内温度。

煤炭
宋代以后，人们大量使用煤炭，有效地提高了窑里的温度。

木柴
尽管煤炭被大量使用，但一些烧窑人仍然继续使用优质木柴烧窑。

泥坯
用泥土制作的坯体，放在窑内进行烧制。

祖先们试着去摸索窑火的"脾气"。通过持续的观察，他们不断总结，发明了各种探测温度的工具。慢慢地，他们学会了通过火焰颜色判断窑火的温度，并利用燃料、风力和炉腔设计等"法宝"给这匹"野马"套上了缰绳。从此，烧窑变成了火与土完美融合的艺术，无数实用又美丽的日用品和艺术品在窑火中诞生。

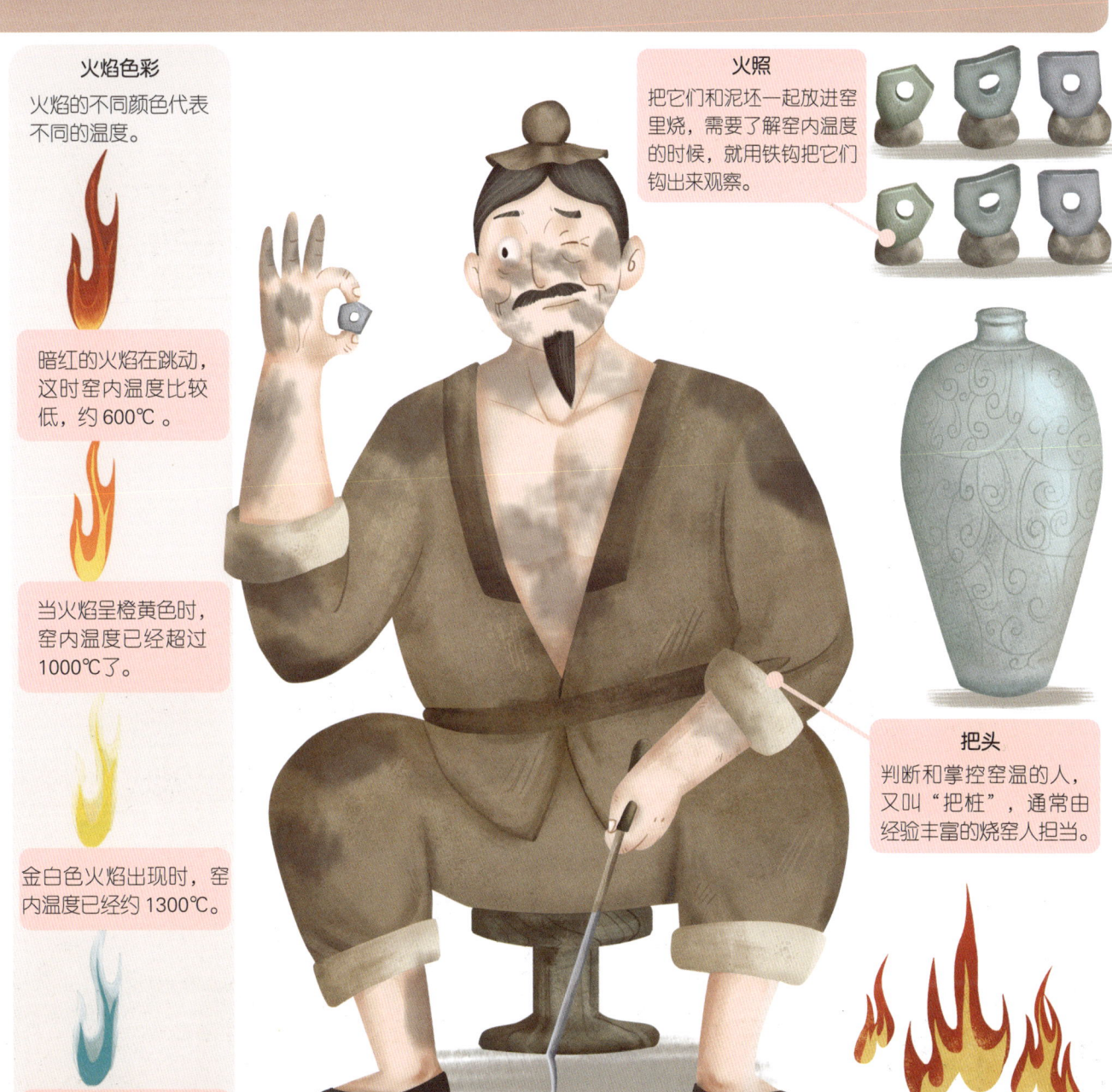

火焰色彩
火焰的不同颜色代表不同的温度。

暗红的火焰在跳动，这时窑内温度比较低，约600℃。

当火焰呈橙黄色时，窑内温度已经超过1000℃了。

金白色火焰出现时，窑内温度已经约1300℃。

一般窑火很难出现蓝色火焰，那温度需要达到1500℃。

火照
把它们和泥坯一起放进窑里烧，需要了解窑内温度的时候，就用铁钩把它们钩出来观察。

把头
判断和掌控窑温的人，又叫"把桩"，通常由经验丰富的烧窑人担当。

了不起的御火术：鼓风机和高炉炼铁

炼铁需要上千度的高温，这对炼铁炉中火焰的温度提出了很高的要求。祖先们在生活中发现，当山风呼啸而过时，森林里的野火会烧得更猛烈，于是领悟到风可以助长火势。他们发明了鼓风机，借用风的力量，提高炉火的温度。早期的鼓风机是用牛皮制成的，叫作橐（tuó）。后来出现了风箱，它就像打气筒一样，人们通过推拉把手，将风灌入炼铁炉。

运送燃料 宋代以前，炼铁以木炭为主要燃料，人们把木炭和铁矿石一起运送到高炉里。

橐 古代的一种鼓风机，转动转盘，可以源源不断地向高炉里输送空气。

运煤 宋代以后，煤成为主要的炼铁燃料。

打水 炼铁离不开水，水可以起到冷却的作用。

熔铸 熔化后的铁水温度非常高，被倒入模具后慢慢冷却成形。

高炉炼铁是古代中国人的又一项智慧创造。高炉中铺满层层铁矿石和木炭，下面装着鼓风机。原料由顶部放入，空气从底部源源不断进入炉中。木炭燃烧的火苗越蹿越高，坚硬的铁矿石在烈火的高温中渐渐熔化，再灌入模具，被塑造成各种形状。高炉的出现提高了铁的产量，更多的铁器被生产出来，人们的生活变得更为便利。

铁水
在高温作用下，坚硬的铁矿石熔化成了铁水。

炉温
在鼓风机的帮助下，炉温达到了炼铁需要的1000多摄氏度。

脱模
铁水在特定模具里慢慢冷却，待成形后被取出来。

打铁
烧得通红的铁坯，在铁匠的不断捶打中变成需要的形状。

了不起的御火术：蒸馏

你有没有观察过厨房中的蒸锅？在蒸锅里蒸东西时，水会慢慢变成蒸气升腾起来，遇到温度较低的锅盖，蒸气凝结成小水珠，顺着边缘流下来。蒸锅里的水就这样经历了一次蒸馏（liú）的过程。祖先们发现，通过蒸馏，可以去除液体中的杂质，获得更加纯净的液体。受此启发，人们摸索出利用蒸馏获得酒精度更高的美酒的方法。

蒸馏
将发酵后的原料进行一次或多次蒸馏，便能得到高浓度的酒液。

铜制蒸酒器
蒸气碰到金属凝成小水珠，通过导管流出就成了酒。

木制蒸馏器

酿酒原料
水稻、小麦、高粱、玉米、红薯和豌豆等各种各样的粮食都可以用来酿造香醇的美酒。

水稻　　小麦　　高粱　　豌豆

随着蒸馏技术的进步，蒸馏器应运而生。用高粱、小麦、水稻、豌豆等粮食发酵得到的酒糟或发酵酒被放到蒸馏器里蒸馏，蒸馏后收集到的高度数酒液，就是蒸馏酒。在过去，每到庆祝和祭祀等重要时刻，人们都会用酒来助兴。通过蒸馏得到的蒸馏酒，比发酵酒更加香醇醉人，流传下许多动人的诗篇与传说。

庆祝丰收
丰收时节，大家聚在一起饮酒，在微醺中庆祝收获的喜悦。

蒸馏酒
白酒基本上都是蒸馏酒。蒸馏酒的原料除了粮食还有水果、马奶等。

了不起的御火术：熬盐

盐是我们日常生活中最重要的调味品。中国海岸线绵长，人们在很早以前就把目光投向大海，生产海盐。最初，人们刮取海边的咸土，或用草木灰提取海水中的海盐，将它们作为制盐的原料。制盐时，先用水冲洗原料，盐分融化后形成卤水，再用火加热卤水，待水分蒸发后便能得到结晶盐。为了生产出更多、更好的盐，人们使用专门的灶台熬煮卤水，并在卤水里添加豆浆、皂角等物去除其杂质和毒性。

牛车运柴
熬盐需要很多的燃料，人们用牛车来运送大量的柴火。

卤水
含盐量很高的卤水是熬盐的原料，它不但又苦又咸，而且有毒性。

豆浆
熬盐时在卤水中加豆浆，可以去除卤水中的毒性，得到纯度更高的食盐。

皂角
这是皂角树的果实。熬盐时在卤水中加入皂角，可以使熬出来的盐更洁白。

烧火熬盐需要很多燃料，最初人们多使用木柴、干草来烧火。后来，一些地方的人们在开采井盐的过程中，发现地底溢出的某些气体遇火就会燃烧，于是尝试用这些气体作为燃料。这些神奇的气体，就是我们今天使用的天然气。正因为有了火的助力，人们才能在浩瀚的大海和广阔的滩涂找到天然的"盐仓"，收获雪白的食盐。

多灶煮盐
灶台上有多个火眼，可以放多个容器熬煮卤水。

井火煮盐
盐井里喷出的气体遇到火就会燃烧，这样的井被称为火井。很早以前，中国人就开始引井火煮盐。

晒盐
在大海或盐湖边，人们将咸水引入盐池，利用太阳暴晒蒸发水分，获得结晶盐。

了不起的御火术：烹饪

灶台是厨房里生火做饭的地方。最初，祖先们家中并没有灶台，屋里只有一个用来烧煮食物的火堆，叫作火塘。后来，祖先们用泥土和石块砌出一个平台，下方留个口，用来向里面添柴烧火，上方留出一个圆形的火眼放灶具，这就是灶台的雏形。

船形灶
汉代南方的船形灶形状像小船，灶上通常有两个火眼，看上去很有趣。

函牛之鼎
在灶台出现以前，人们直接架起火堆烹煮食物。鼎就是放在火堆上煮东西用的器具。有的鼎非常大，甚至可以煮一整头牛。成语"函牛之鼎"，常被人们用来形容气势宏大。

多火眼灶
放炊具的洞叫作火眼。多火眼灶上不同的火眼拥有不同的火力。

灶台外貌多种多样，有"尾巴"尖尖的船形灶和四四方方的方头灶等各种形状。随着时间推移，灶台的设计越来越科学，在历史发展中出现了挡火墙、排气孔、出烟孔等构件，它们可以减少厨房中呛人的烟雾。灶台的火力强弱和烹煮时间的长短，决定着最终端出来的饭菜好不好吃。

隔烟方头灶
汉代北方多使用方头灶，有的灶台上设有隔烟板，可以隔绝呛人的柴烟。

灶王爷
民间传说中管理灶火的神明。传说，灶王爷会在年终上天，向玉皇大帝报告人们日常的善恶。

文火与武火
烹饪中把小火称作文火，把大火称作武火。文火适合慢慢熬煮，武火适合快速爆炒。

中国人灶台上的美味

家里最温暖的地方，应该就是厨房了吧。家人在灶台前忙碌，灶火上各种食物香气四溢，温暖着肠胃和心情。"民以食为天"，稻麦菽（shū）豆、蔬菜肉食，人们食用的食物种类不断增加，用来烹饪的器具也在不断变化。商周时期，人们还在使用笨重的青铜鼎；到了宋代，家家户户的灶台上已经出现了轻巧的铁锅。

豆腐 据说豆腐是由西汉时一位叫刘安的诸侯王发明的。

厨娘 很长一段时间里，厨师多是由男子担任。到了唐宋时期，酒肆茶楼和高宅大院里出现了女厨师的身影。

蔬菜 过去的蔬菜品种没有今天的丰富，比如黄瓜、菠菜和番茄，分别在汉代、唐代和清代以后才出现。

28

不断丰富的食材和烹饪用具，带来了烹饪方法的探索与创新——烤、煮、蒸、炸、炒……在一代代厨师们的用心烹饪中，无数中华美食被创造出来。谷物、蔬菜、鱼虾、禽畜……厨师们利用种种技法，将腥膻（shān）生冷的食材变为美味的佳肴，各种奇妙的烹调方法被发明流传。人间烟火不息，美食的香气穿越千年。

烤鸭 烤鸭有着悠久历史，据说起源于南北朝时期，在明代成为京城官府人家的席上珍品。烤鸭的燃料以果木柴为佳，果木柴烟少火旺，燃烧起来有一股清香味。

爆炒 宋代之前，铁锅还没有被广泛应用，烹饪食物大多使用煮和烤的方式。铁锅的普及，让"炒"这一烹饪方法开始流行。

蒲扇 蒲扇可以在烹饪时用来扇风，让火更旺。

火锅 火锅起源于三国时期，至宋代已很流行。

烧烤 在汉代的画像砖上，人们发现了烤肉串的场景。这应该就是那个时代的烤串了吧！

了不起的御火术：照明

人类在驱散黑暗的火光中见到了文明的曙光。远古时代，人们在夜间利用篝火或火把照明，后来渐渐出现了使用起来更方便的油灯。在战国时，贵族们使用青铜灯，但它们对普通人来说太昂贵了，众多平民百姓只能使用廉价的陶灯。类似今天的蜡烛的"蜜烛"在汉代开始出现，在很长一段时间里，它都是只限于皇室贵族使用的奢侈品。

陶灯
陶制的豆形灯是普通人家常用的油灯。

省油灯
省油之处在于它的双层设计：一层装油，用来照明；一层装水，用来散热。由于有水降温，油消耗得会更少。

行灯
西汉时期常见的灯具，行走时可以端着照明。

油脂
动物身上厚厚的油脂可以当作油灯的燃料。

蜜烛
这是我国最早的蜡烛。芦苇做芯，用布缠绕，外面涂上蜂蜡。

松明
松明也叫"明子"，来自松、柏等树木，燃烧起来热量大，即使在风中也不容易熄灭。

白蜡虫
一种昆虫，其分泌物可以制作蜡烛，中国人在几千年前已开始饲养白蜡虫。

千百年来，从树脂、动物油脂到植物油，油灯使用的燃料有很多选择。出于实用和美观的需要，油灯的形状也变得愈加精美，设计巧妙的人形、动物形和植物形油灯，在今天看来也是非常美丽的艺术品。把动物油脂作为灯油燃烧时，会冒黑烟，还会有呛人的味道。聪明的中国人就在灯上加上烟道，将油烟导入灯腹，使屋里的空气保持清新。油灯里跳动的小小火苗，照亮了祖先们几千年的漫漫长夜。

东汉人形铜吊灯
扁圆形的是灯盘，托灯盘的小人其实是一个贮油箱。灯盘有输油小口，当灯盘中灯油过多时，油会通过小口回流到小人体内。

雁足灯
战国时的青铜灯，外形像一只雁足，膝部和脚蹼刻画得细致逼真。

长信宫灯
西汉时的铜灯，点燃后油烟会顺着宫女袖管进入灯体内。

羊灯
这件西汉时的铜灯外形像一只羊，古文中"羊""祥"通用，以羊形做灯，寓意吉祥。

釭（gāng）灯
釭灯是一种利用弯曲烟道循环处理油烟的油灯，出现于汉代。

牛形釭灯

凤形釭灯

青绿釉莲瓣纹灯
灯盘四周有莲瓣造型的花纹，远远望去像一朵盛开的莲花。

了不起的御火术：取暖

在寒冷的冬季，人们常会烧火取暖。古人利用各种暖具发挥火焰的妙用。比如用竹子编成的火笼，在陶制内胆里放上燃烧的木炭，不仅是一个别致的暖炉，还可以用来烘干衣物。又比如北方常见的火炕，寒冷的冬夜，屋外北风呼啸，屋内的火炕被烧得火热。躺在炕上，听着柴火燃烧的噼啪声，这一晚，家人们又会在暖暖的被窝里聊啥新鲜事儿呢？

火笼

火炕　用砖头或泥土砌成，内部是中空的通道，生火后热气进入通道，起到取暖的效果。

对于取暖的暖具，祖先们创意无穷——他们将滚烫的热水灌进小圆壶，或是在各种金属器皿里放置炭火，利用这些器具取暖。此外，一些富贵人家还会在燃料中添加香料，使室内不但温暖而且香气宜人。无论是小巧玲珑的手炉、熏炉，还是厚重朴实的火炕、火墙，它们身体里跳动的火焰，表达的不仅是人们对温暖的追求，还有祖先们与火共生的生活智慧。

汤婆子
常见的取暖物品，灌上热水、盖好盖子后，可以放在被窝里或抱在手中取暖。

熏笼
由竹片编成，倒扣在炭火盆或熏炉上。既可防止炭灰飞扬，又能取暖和熏香衣物。

熏炉
内置香料，是用来熏香和取暖的炉子。

脚炉
天冷时把脚放在上面烘脚用的小炉。

化为灰烬的珍宝：焚书与火烧咸阳宫

火能带来光明，也能酝酿灾难，带来毁灭。2000多年前，征服六国、一统天下的秦始皇，为了彻底让人们臣服于自己，下令将民间保存的《诗经》《尚书》和诸子百家的著作全部烧毁。火舌吞噬了一卷卷记录着祖先们的经验和智慧的典籍，字里行间的珍贵记录在火光中灰飞烟灭。

孔壁藏书

为了保存祖先的智慧，在秦始皇下令焚书时，孔子的后人将许多儒家著作藏在了自家的墙壁里面。到了汉武帝时期，这些典籍被当时的人们发现。这就是著名的"孔壁藏书"的故事。

焚书

秦朝刚建立的时候，一些儒生引用儒家经典，借用古代圣贤的言论批评时政，这是秦始皇下令焚烧书籍的重要原因之一。

在火中化为灰烬的不仅有书籍，还有建筑。咸阳宫是秦朝的皇宫，辉煌壮丽，有着各具特色的"六国宫殿"，宫殿之间由像彩虹一样的甬道相连。秦朝灭亡时，咸阳宫被项羽手下一把火烧成了废墟。曾下令焚书的秦始皇，自己气势恢宏的皇宫却在历史的火焰中消失，后人只能对着遗址去想象和感慨。

咸阳宫
咸阳宫恢宏壮丽。秦末，项羽攻入咸阳，纵火焚城，咸阳宫终被焚为废墟。

消失的宫殿
很多著名的皇宫建筑，如汉代的未央宫、长乐宫，唐代的大明宫、太极宫等，全都消失在战乱的烈焰中。

了不起的军事：火攻与《孙子兵法》

造福人类的火焰有时也会成为消灭生命的杀手。尽管老祖宗们一度认为在战场上使用火攻是不对的做法，但由于人们对战争胜利的追求，火焰最终被带上了战场，在一场场战争中发挥出可怕的威力。根据古籍记载，人们曾利用动物帮自己实施火攻。可怜的动物携带火种或火源，毫不知情地"走"向战场。

雀杏
捕捉在敌军城中筑巢的雀鸟，把填充了火种的杏核绑在鸟儿脚上，然后放飞。雀鸟飞回巢穴，同时也将火种带到了城里。

风向
使用火攻作战需要配合风向。

火牛
在牛角上绑上尖刀，牛尾上绑上稻草。点燃牛尾上的稻草，牛群会受惊向前狂奔。

火攻，说起来简单，实施却很难，需要天时、地利、人和，还需要充分的计划和布置。《孙子兵法》是中国现存最早的兵书，书里对火攻的战法进行了总结。但是作者孙武同时认为，国家灭亡了就不能复存，人死了也不能复生，所以对待战争这件事一定要慎重。

火禽

事先捕捉敌方境内的野鸡，将带有火种的核桃套在野鸡脖子上，放走野鸡。核桃壳被烧坏后，火就会在敌人的地盘上蔓延。

火兽

把存有火种的葫芦系在事先捕捉到的野兽身上，再朝着敌军阵营驱赶野兽，用来放火。

长生不老的寄托：炼丹

咦，道观丹炉内的火焰正在炼着什么？原来是古代的道士正在炼丹。古人们幻想着能长长久久地活下去，秦始皇还曾派人出海寻找长生不老药。炼丹术是过去人们追求永恒生命的产物，他们将各种矿物和植物放入炼丹炉中炼制，希望最终能得到让人长生不死的"仙丹"。可惜那些吞下各种"仙丹"的人们，不仅没有得到长生，反而有些还丢掉了性命。

炼丹师
在古代有很多道士热衷于炼丹，比如东晋时的葛洪、唐代的孙思邈（miǎo）等。

炼丹炉
炼丹师把各种植物和矿物放在炼丹炉里炼制，希望能炼成"仙丹"。

为什么"仙丹"会夺去人的性命呢?因为炼制"仙丹"除了使用灵芝、鸡血藤等药材,还会用上黄金、云母等矿物,里面可能会含有有毒物质。人吃进肚里不仅不会延年益寿,还会引发中毒。一方面,长生的愿望是美好的,炼制"仙丹"的结果却是荒唐的。但另一方面,古人在炼丹的过程中,也会在无意中有一些科学上的发现。

中毒
一些炼制的丹药里含有毒性物质,人吃下丹药会中毒。

了不起的火药

中国古代伟大的"四大发明"之一——火药,是古人在炼丹的过程中发现的。在炼制丹药时,人们把木炭和硫黄等几种原料混合在一起放入炉中,结果引发了爆炸。受此启发,经过无数次实验,中国人最终制造出了稳定的黑火药。黑火药的主要成分是硫黄、硝石和木炭。后来很多的枪炮武器技术,都是在黑火药的基础上发展起来的。

火药爆炸

硝石
又被称为"中国雪",是火药的重要成分。

硫黄

木炭

黑火药
是由硫黄、硝石和木炭按一定比例混合制成的。

火龙出水
出现于明代,水陆两用的火箭,据说点燃后最远可飞行1500米。

佛朗机炮
出现于明代,使用时将弹药填入子炮中,然后把子炮装入火炮发射。

铜火铳(chòng)
出现于元代,最早的"手枪",它的出现推动热兵器发展进入一个新阶段。

燧发枪
出现于明末,燧发枪上装有燧石,扣扳机可以引燃火药进行射击。

火药一开始并没有被用到军事领域，而是运用在医药和娱乐场合。随着科技的进步，火药所拥有的巨大破坏力开始被军事家重视，渐渐应用到了战场上。以火药为原料的武器被古人称为"火器"，明代时还成立了专门使用火器的部队——"神机营"。随着贸易与战争，火药先是传到了西亚地区，之后又传到了欧洲。中国是世界上最早发明火药和首先使用火药武器的国家。

神火飞鸦
外形像乌鸦，用细竹或芦苇编成，内部填充火药，发射后落地会发生爆炸。

霹雳炮
古代的"手雷"，可以燃烧并产生烟雾，从而给敌人带来伤害。它的具体模样，目前仍存争议。

中国人的信仰：火与神话幻想

很久很久以前的夜晚，我们的祖先们在火堆前仔细观察着火焰。他们既为它带来的光明和温暖而欢喜，又为它能烧毁森林的强大力量而恐惧。崇拜和畏惧相互交织，火作为自然界中客观存在的现象，被他们在脑海中赋予了种种幻想，产生了许多关于火的神话传说。

祝融
传说中的火神。也有人认为"祝融"原是古代掌管祭祀的官职名称。

火德真君
火神大家族的成员，古代民间信仰的神灵，三头六臂，面相凶神恶煞。

凤凰
一种代表吉祥的神兽，传说每 500 年它就会自焚，然后从灰烬中重生。

火光兽
传说中的一种奇鼠，住在南方的火山里，能够在火中生存。

祖先们在白天仰望天空，太阳耀眼夺目，让人不敢直视，很容易让人想到燃烧的野火，于是一些人将太阳视为人间之火的源头。太阳在遥不可及的空中，似乎只有会飞的鸟儿才能接近，于是人们就把火、太阳和鸟联系在一起，想象出与火有关的神鸟形象。人们崇拜能找到火并保护火种的人，把他们视为英雄，渐渐地，这些英雄演变为和火相关的神灵。

三足乌
在中国古代神话中，太阳里生活着黑色的三足乌鸦。

扶桑树
传说，在东方的大海上有一棵巨大的扶桑树，有10个太阳住在树上。

羲（xī）和
神话中太阳的母亲，每天驾车陪伴太阳东升西落，并在晚上给太阳洗去风尘。

了不起的传统灯彩

"正月十五赏花灯"是中国人延续千年的传统。在古代,平日里的夜晚,人们是不能在街上随意走动的,这样的管理方法叫作"宵禁"。但是到了元宵节晚上,官府允许人们扶老携幼去街上欣赏花灯。那天晚上的街道,灯火明亮,人声鼎沸。宋代以后,元宵节的夜空会出现一盏盏孔明灯,橘色的光点像一颗颗星星,载着人们的美好愿望和祝福,飞向遥远的夜空。

天灯 又叫孔明灯,利用热空气上升的原理升空。最初用于传递军事信息,后来多用于在节日祈福。

元宵节这一天，宫廷和民间都会张灯结彩。鲤鱼灯、荷花灯、牌楼灯，各式各样的花灯让人眼花缭乱，甚至还有用花灯架起的壮观的灯山、灯树。人们举起龙灯舞动，像是一条巨龙在人间遨游。远古时代燃起的熊熊篝火，在文明时代变成了温暖美丽的花灯。直到今天，中国人还保留着元宵节赏花灯的传统习俗。

花灯 通常在元宵节等节日悬挂，用纸或绢制作灯笼的外皮，用竹或木条制作骨架，花灯中间放上蜡烛。

舞龙灯 龙灯由专门的人舞动表演，以此祈求来年风调雨顺。舞龙灯是人们在节日里最喜欢的庆祝节目之一。

河灯 农历七月十五，人们把荷花形状的灯点燃后放入河中，用来祈福或悼念逝去的亲人。

了不起的火树银花

至迟自宋代起，一到春节或元宵节，五彩缤纷的焰火常在夜晚绽放，那转瞬即逝的美丽让人过目难忘。焰火的燃料是用火药做的，里面掺杂不同比例的金属盐。点燃后，金属盐在高温下分解，变幻出五颜六色的光芒。中国人喜欢在节日燃放焰火，美丽的光芒和人们的欢笑传递着节日的喜悦。

烟花
在唐代被发明，宋代时技术趋于成熟。烟花有两层燃料，第一层是火药，用来推动烟花升上空中，第二层在燃烧时会产生彩色火焰。

喷花
一种可以拿在手里放的小型烟花，能喷出漂亮的火花。

炮仗 鞭炮的另一个称呼。

盒子花
过去人们在节庆时燃放的一种特制烟花，把烟花爆竹组合在特制的盒子里，一层层搭架燃放。

天下太平

噼里啪啦噼里啪啦……什么声音？是春节的鞭炮！儿童拿起单个的小鞭炮，点燃后立即捂着耳朵躲开。大人们则会将一长串鞭炮挂在竹竿上，挑出门外点燃，欢天喜地的响声接连不断。有的地方在过年时还会表演惊险刺激的"打铁水"，场面十分壮观。喜庆的火光点亮了千百年来盛大的节日，火树银花带来的震撼与美好，永远留在中国人的节日记忆里。

鞭炮
很早以前，人们在正月将竹子放在火里烧，相信燃烧时的声响可以祛除恶鬼瘟疫。到了宋代，人们开始用火药制作鞭炮。

打铁水
表演者舀起铁水洒向空中，用木板对准铁水猛击，落下的铁水像火花般飘洒。

了不起的消防：水龙车与救火会

人们常说"水火无情"。在过去，中国人喜欢用木材建造房屋。在干燥的天气里，木材特别容易着火，一不留神，不起眼的小火星就会酿成大祸，夺走财产甚至人的生命。所以，人们既要学会控制好火，又要学会在火灾发生时及时灭火，古老的消防事业就这么应运而生了。中国专业的公共消防队的历史，可追溯到宋代。

望火楼
这是中国古代的消防站，上面设有专人站岗放哨，一旦发现火情立刻发出警报。

铜锣
发现火灾时，用急促的节奏鸣锣报警，水会成员会立刻集合。火被扑灭后，再鸣响节奏很慢的"倒锣"，表示不必再赶来。

水龙车
车内装满水，并配有抽水装置，按下杠杆就有水喷出，水柱能喷好几层楼高。

让我们坐上时光机，穿越回清代的街头——你看，那座上面挂着铜锣的高楼就是望火楼。望火楼拥有广阔的视野，一旦观察到火情，上面的人就会马上敲响铜锣示警。来救火的队伍中，有的人拎着水桶浇水扑火，有的人推着木质的"消防车"——水龙车，合力将火扑灭。清代晚期，出现了很多民间自发的消防组织"水会"。从古至今，总有很多无名英雄为了拯救大火中的生命，向着火光勇敢逆行。

水桶
救火用的水桶里常年盛满水，既可以随时取用，又能防止木桶干裂。

水会
晚清时的民间消防组织，成员多为店铺学徒与小商贩，他们在火灾发生时会穿上特制的"号衣"前往灭火。

49

中华文明与世界·火之篇

炼丹术与炼金术

欧洲中世纪的炼金术师们梦想能把铜、铁、铅等金属炼成贵重的黄金和白银。而中国的炼丹者们则希望能炼制出使人长生不老的灵丹妙药。

烟花

南宋的海外贸易十分繁荣，在当时外销的商品中就包括了烟花。烟花深受世界人民的喜爱，每到重大节日，人们常用燃放烟花的方式来庆祝。来自中国的烟花，点亮了世界的夜空。

引火条

南北朝时期，宫女将硫黄粘在小木棍上，用这种引火条来点火，算是一种原始的火柴。到了南宋时期，杭州街巷里的小贩把松木削成薄片，用硫黄涂满它的一端，将这些木片作为引火条出售。欧洲最早的火柴也是用硫黄制成的，有研究者揣测，欧洲的早期火柴有可能受到了中国的影响。

火药武器

大约在南宋时期，源自中国的火药被商人们经贸易传入西亚地区。13世纪中叶，伴随蒙古帝国的西征，当时的欧洲军队在战场上见识到了火药作为武器的巨大威力。

中国菜

19世纪40年代，美国出现"淘金热"，许多中国劳工来到美国。伴随着华人的涌入，中餐馆在美国出现。来自中国的美食刷新了美国人的味觉，中国菜渐渐融入到当地人的生活之中。

步枪

中国的火药和火器传到国外后，一直被加以改进，渐渐地，西方国家的枪械技术超过了中国。晚清时期，中国创建了汉阳兵工厂，用巨资从德国购买制作枪支的设备。抗日战争中，"汉阳造"步枪成为中国军队装备的主力枪械。

熬糖技术

很早以前，中国就有了野生甘蔗，人们直接嚼饮甘蔗汁，或将它制成糖浆与糖块食用。唐代时，唐太宗李世民派人从印度引入了先进的熬糖技术，提高了蔗糖的生产工艺与品质。

"洋火"

1826年，英国人沃克发明了现代火柴。清代道光年间，西方国家把火柴当作礼物献给道光皇帝，当时的人们把西方的这种火柴称作"洋火"。此后，火柴渐渐走进寻常百姓家，成为生活的必备品。1879年，中国第一家现代火柴厂在广东佛山诞生。

蒸汽火车

蒸汽火车以蒸汽作为动力，利用烧煤产生的蒸汽推动活塞，带动车轮运转。1865年，英国人将蒸汽火车带到了中国。

热气球

热气球和孔明灯一样，都是利用热气上升的原理实现飞行。能够载人的热气球是由法国人孟格菲兄弟在1783年发明的。1887年，天津武备学堂的华蘅芳等人成功试飞了中国人自己设计的热气球。

51

了不起的现代消防

在我们今天的生活中，火灾的潜在风险无处不在。一根细细的火柴，一个不起眼的插座，一台忘记关掉的取暖器……都有可能引发一场损失惨重的火灾。每当火灾发生时，专业的消防员会带着各种消防装备赶到现场。他们勇敢地面对大火，冒着生命危险去扑灭火焰、拯救生命。

消防员
消防员精通灭火技术，主要职责是灭火、提供救护服务，同时也参与其他救援工作。

防毒面具
防毒面具像一张神奇的过滤网，可以过滤掉大量的有毒烟气。

消防腰斧
消防员灭火救人时清除障碍物的好帮手。

安全钩
可用来连接绳索，防止消防员在攀爬时坠落受伤。

消防服
分为内外两层，外层隔热、阻燃，内层柔软舒适。

耐火绳
具有一定的耐火性，内芯是钢丝绳，外层是麻绳，可用于救人或运输消防器材。

消防栓
消防栓像是一座储水库，可以连接水带，源源不断地供水。

灭火器
针对不同起因的火灾分为不同种类，使用时需要注意方法，以免产生反效果。

随着经济发展与技术进步，中国消防员的装备越来越多样、越来越先进。由于城市里几十层高的大厦越来越多，传统的消防车已经无法满足高层灭火的需要。中国在 2014 年推出了完全自主设计的登高平台消防车 DG113。这种消防车可以直接把消防员送到 35 层楼的高度！

高压水枪
和消防水带相连，喷射强力水柱扑灭大火。中国自主研制的高压水枪，能将水流喷射到 80 米高的地方。

消防梯

消防车
除了能把消防员及时送到火灾现场，它还像个"百宝箱"，搭载着许多消防设备。

了不起的现代火力发电

电冰箱、电视机、电风扇、电脑……你看，生活中每时每刻都离不开电。电力是重要的能源，它沿着细细的电线，为各种电器输送动力。你知道吗？电和火息息相关。通过火力发电，人们将燃烧产生的能量转换为电力。在今天，火力发电依然是中国最主要的发电方式。

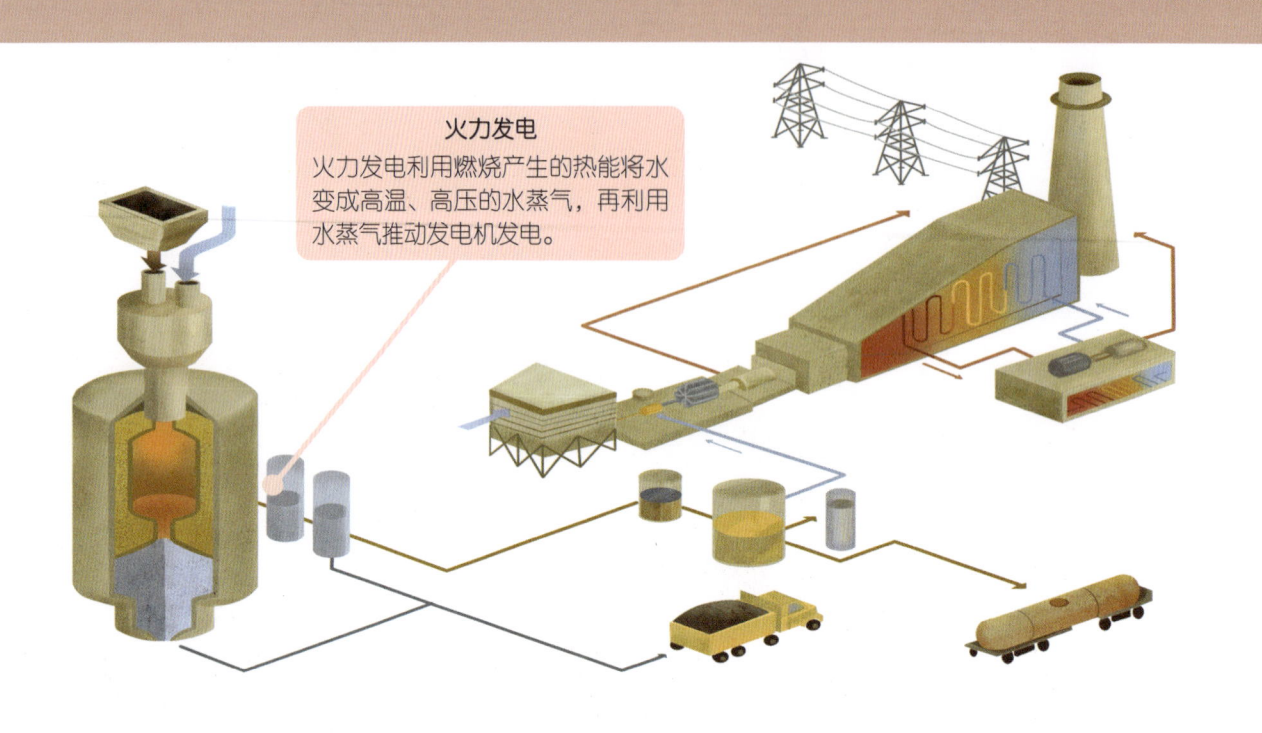

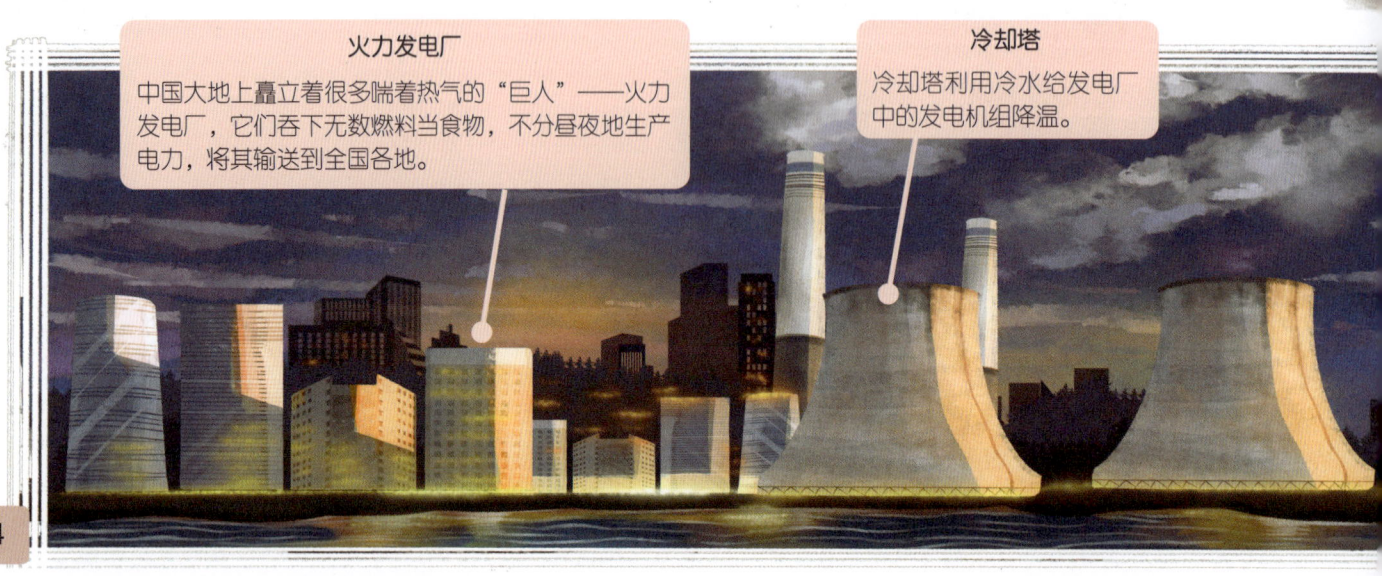

火力发电
火力发电利用燃烧产生的热能将水变成高温、高压的水蒸气，再利用水蒸气推动发电机发电。

火力发电厂
中国大地上矗立着很多喘着热气的"巨人"——火力发电厂，它们吞下无数燃料当食物，不分昼夜地生产电力，将其输送到全国各地。

冷却塔
冷却塔利用冷水给发电厂中的发电机组降温。

中国大地上分布着很多大型的火力发电厂。它们源源不断地生产电力，并通过输电线将电力输送到全国各地——工厂和医院，学校和商场，码头和车站……我们今天舒适的生活依然离不开火力发电。由于一些老旧的火力发电方式会造成污染，中国正在通过推广绿色能源和各种节能减排技术，努力控制污染，保卫我们的碧水蓝天。

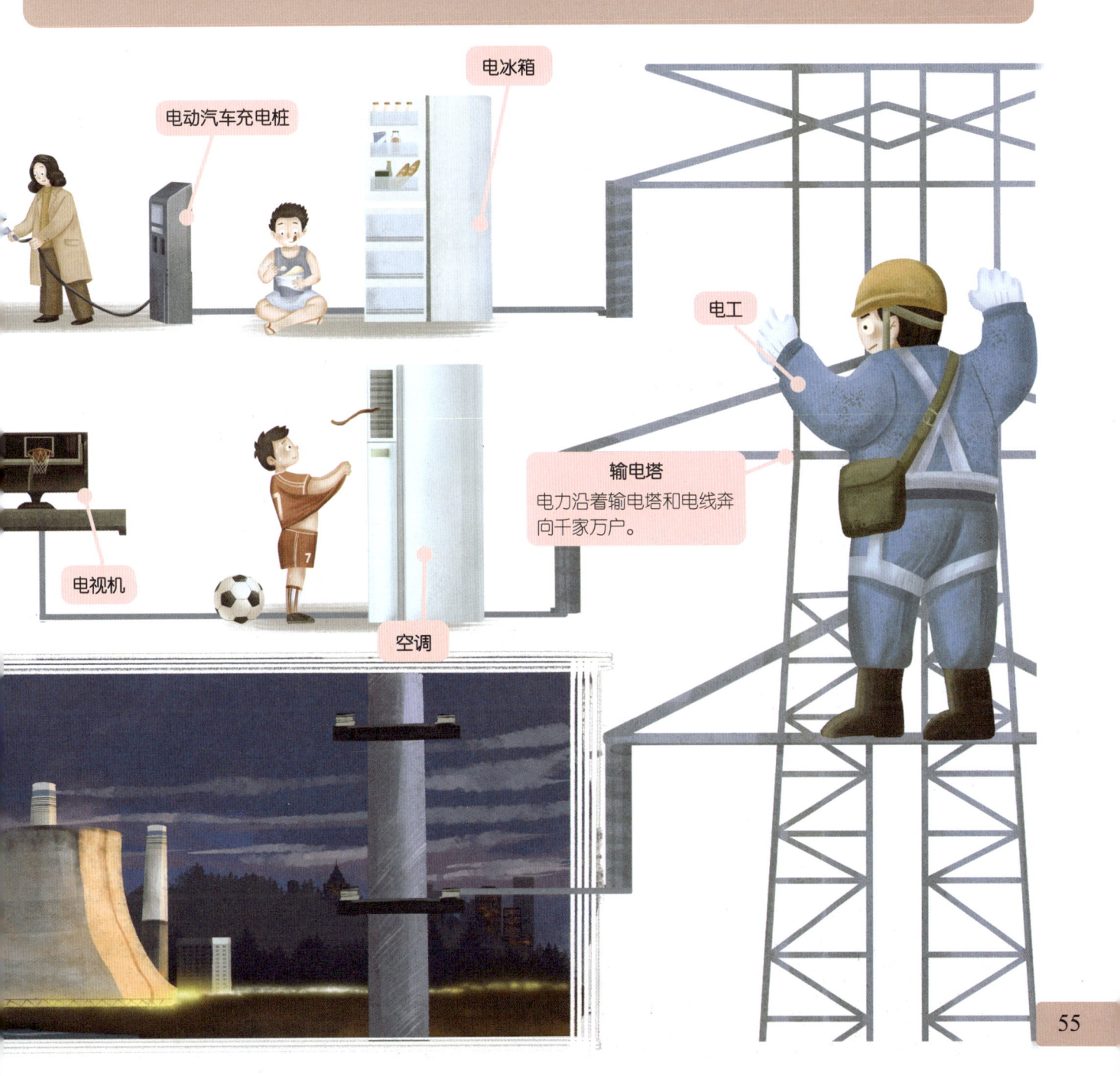

电动汽车充电桩

电冰箱

电工

电视机

空调

输电塔
电力沿着输电塔和电线奔向千家万户。

了不起的现代煤炭开采

煤炭长得黑乎乎的，看起来非常不起眼，却被大家尊称为"乌金""太阳石"。中国人在今天利用各种先进技术勘探煤炭资源，建设煤矿，进行开采。1949 年，中国煤炭年产量只有 0.32 亿吨，连国内的基本需求都无法满足。到了 2019 年，年产量已高达 38.5 亿吨，增长了约 120 倍。中国煤炭的年产量已多年位居世界第一位。

煤炭的形成
几千万年前的地壳运动，让地球上生长的繁茂植物沉入到地下，因为与空气隔绝，在高温高压的作用下渐渐堆积成厚层，慢慢形成了煤炭。

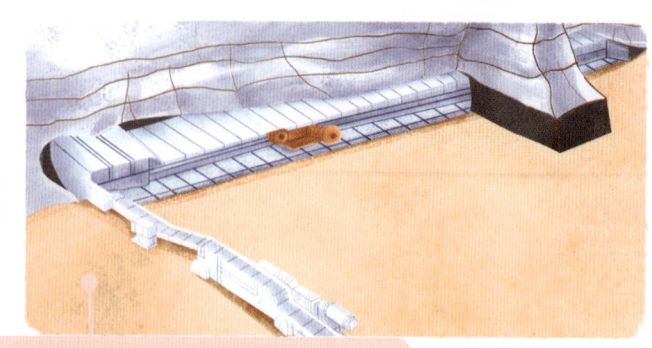

煤田 中国有很多大型煤田，煤炭储藏量十分丰富，居世界第三位。

液压支架
液压支架就像一把巨大的保护伞，在地下为煤矿工人们全力撑起一片安全的空间。

采煤机
"牙齿"转动，将煤从矿层里"咬"下来。

开采煤炭并不容易，在依赖人工采煤的时代，常会发生惨痛的开采事故。在今天，中国自主研制出先进的采煤机、掘进机、液压支架等采煤设备，利用大型机械挖掘和支撑坑道，在矿底代替人力开采和输送煤炭，安全又高效。伴随社会文明的发展，中国煤炭开采行业努力建设"绿色矿山"，保护生态和谐。

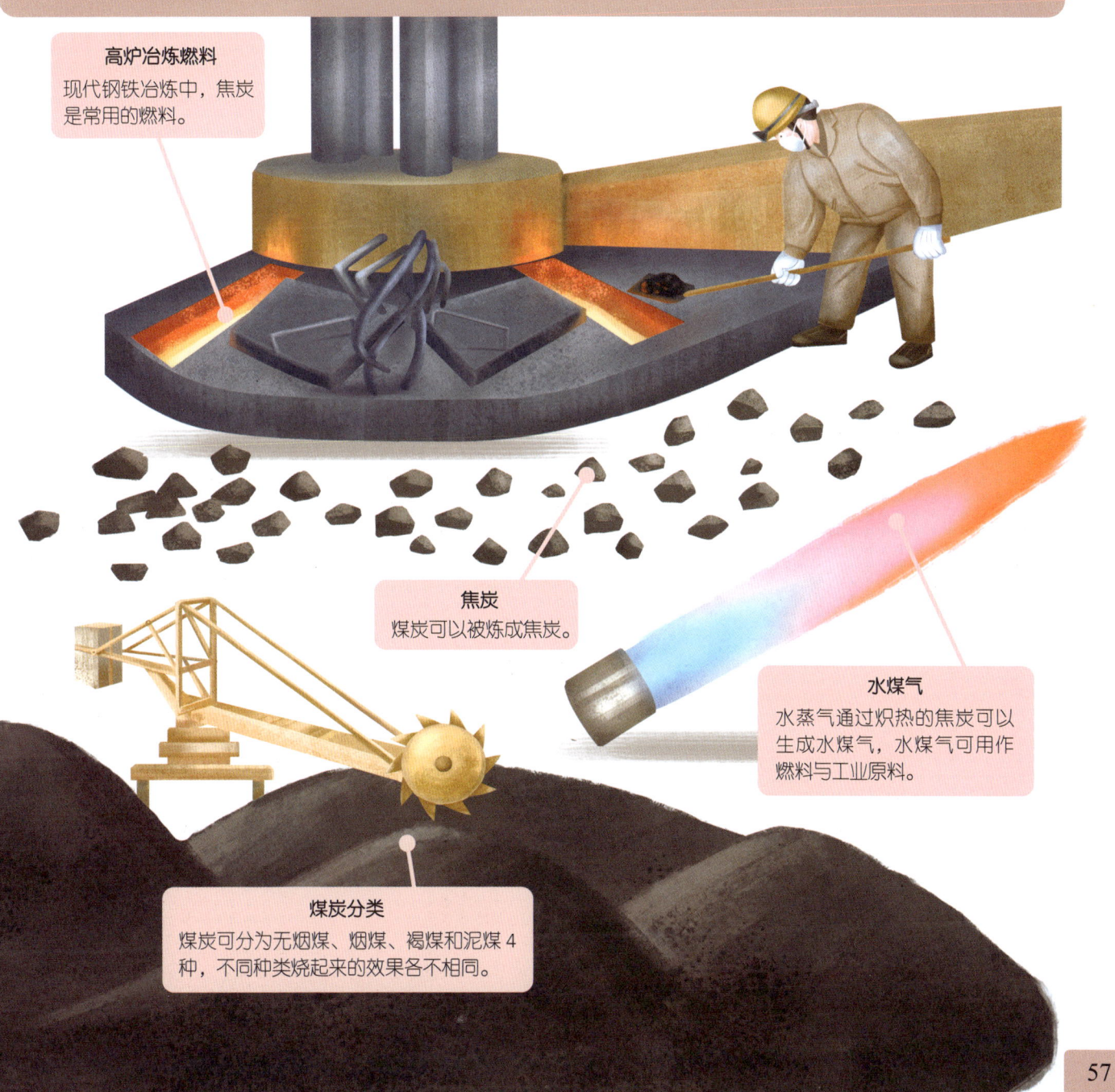

高炉冶炼燃料
现代钢铁冶炼中，焦炭是常用的燃料。

焦炭
煤炭可以被炼成焦炭。

水煤气
水蒸气通过炽热的焦炭可以生成水煤气，水煤气可用作燃料与工业原料。

煤炭分类
煤炭可分为无烟煤、烟煤、褐煤和泥煤4种，不同种类烧起来的效果各不相同。

了不起的现代石油勘采

几百年来,为人类工业文明充当燃料的"主角"不断变化。从19世纪70年代开始,石油代替煤炭,成为技术变革的新动力之一,被誉为"现代工业的血液"。石油从哪里来?大量的远古生物死后,尸体沉积在泥沙中,形成沉积层。经过漫长的时间,在高温和高压之下,它们慢慢变成浓稠的石油,形成油田。石油与我们的生活息息相关,吃穿住行,哪里都离不开它。

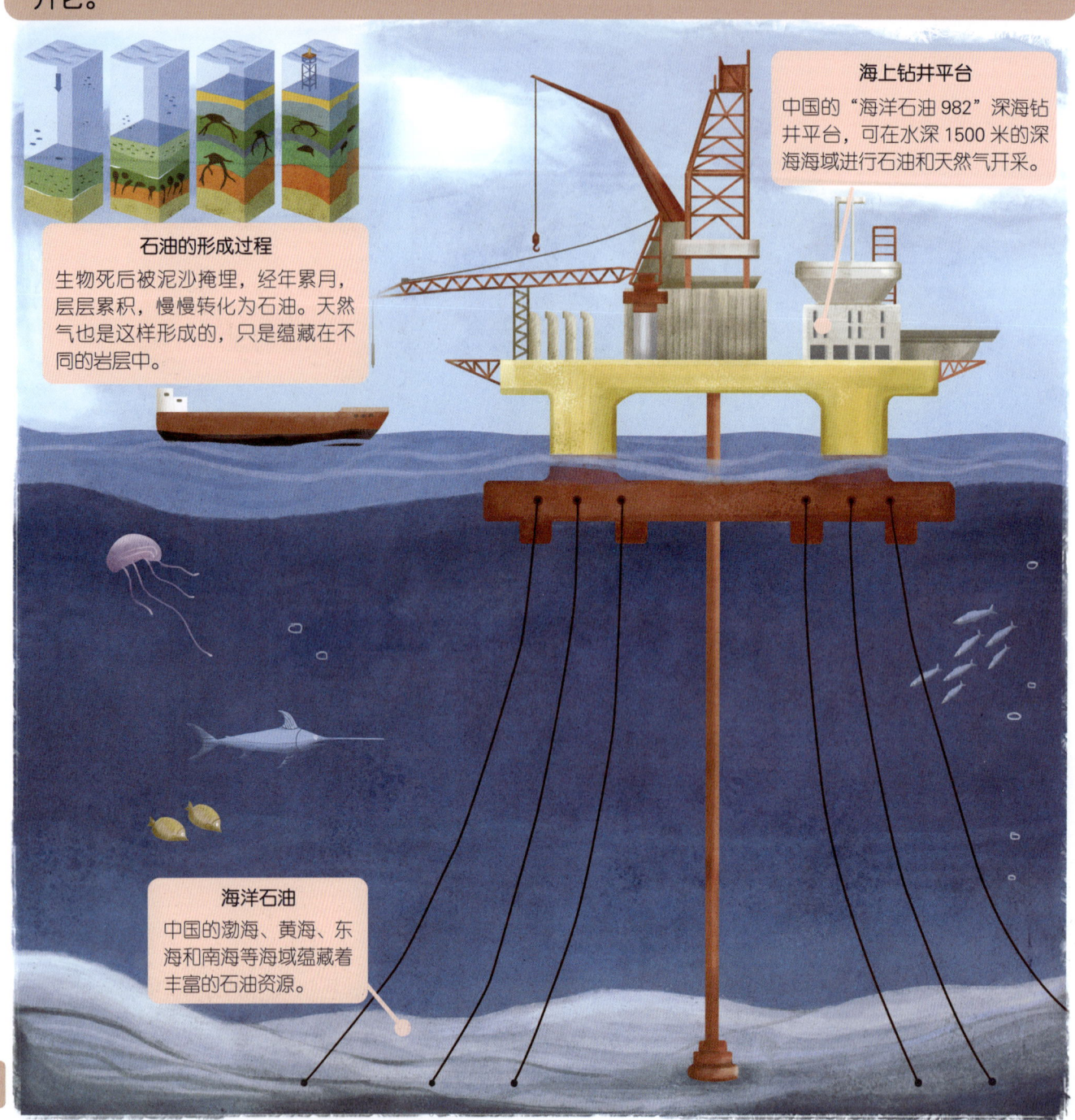

石油的形成过程
生物死后被泥沙掩埋,经年累月,层层累积,慢慢转化为石油。天然气也是这样形成的,只是蕴藏在不同的岩层中。

海上钻井平台
中国的"海洋石油982"深海钻井平台,可在水深1500米的深海海域进行石油和天然气开采。

海洋石油
中国的渤海、黄海、东海和南海等海域蕴藏着丰富的石油资源。

石油需要从油田中开采。曾经有外国人认为中国缺少石油矿藏。新中国建立后，根据地质学家李四光提出的理论，中国相继发现了胜利、大庆、江汉等油田。此后，中国的石油勘探与开采技术不断发展。今天，在中国领土上，从荒芜的戈壁到辽阔的海洋，到处都有石油工作者忙碌的身影。

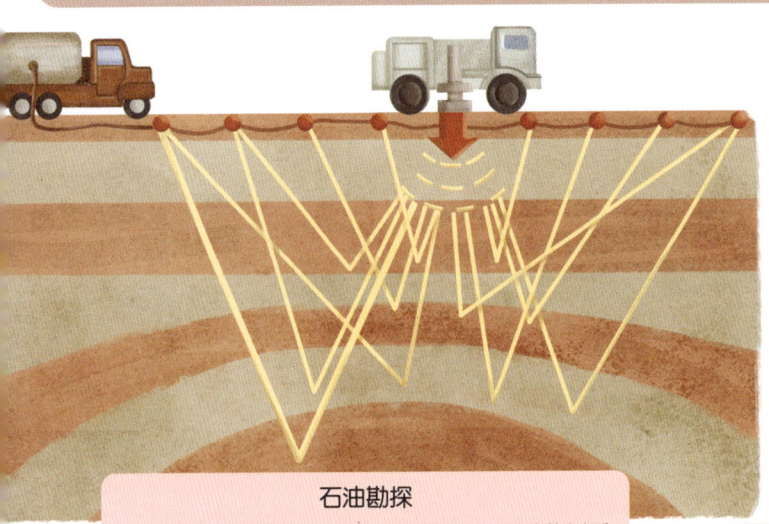

石油勘探
人们在陆地或海面向下发射地震波，通过分析反射回来的地震波就可以判断下方是否藏有石油。

油田开采
许多油井需要用抽油机将石油吸出地面。石油工人可以坐在操作室内通过操纵机械来抽吸石油。

抽油机
在油田，俗称"磕头机"的抽油机上下运动，把井下的石油送到地面。

了不起的"西气东输"工程

今天很多家庭都在使用天然气做饭，但你了解天然气吗？它蕴藏在地下，含有大量甲烷，是比空气轻且可燃烧的气体。天然气是一种洁净环保的优质能源，使用相对安全，燃烧时产生的污染物相对较少。中国的天然气资源十分丰富。

苏里格气田
位于内蒙古的苏里格气田是目前我国陆地上最大的天然气气田，是"西气东输"工程中重要的天然气气源之一。

"西气东输"站点
"西气东输"工程沿线分布着各种维护天然气传输和分配的站点。

西气东输
"西气东输"的天然气管道西起新疆，一线工程的起始站是新疆轮南站。管道横跨9个省区，每天输送数千万立方米的天然气。

中国天然气资源的分布并不均衡，西部的塔里木盆地、柴达木盆地和四川盆地中蕴藏着大量的天然气资源，而东部地区的资源却相对较少。为了同时满足东西部经济发展的需要，中国在 2000 年启动了"西气东输"工程。塔里木盆地的天然气一路穿越戈壁、荒原、高原和山区等各种地貌，传送到中国的大江南北。这一工程不但带动了经济发展，而且减少了环境污染，改善了全国人民的生活质量。

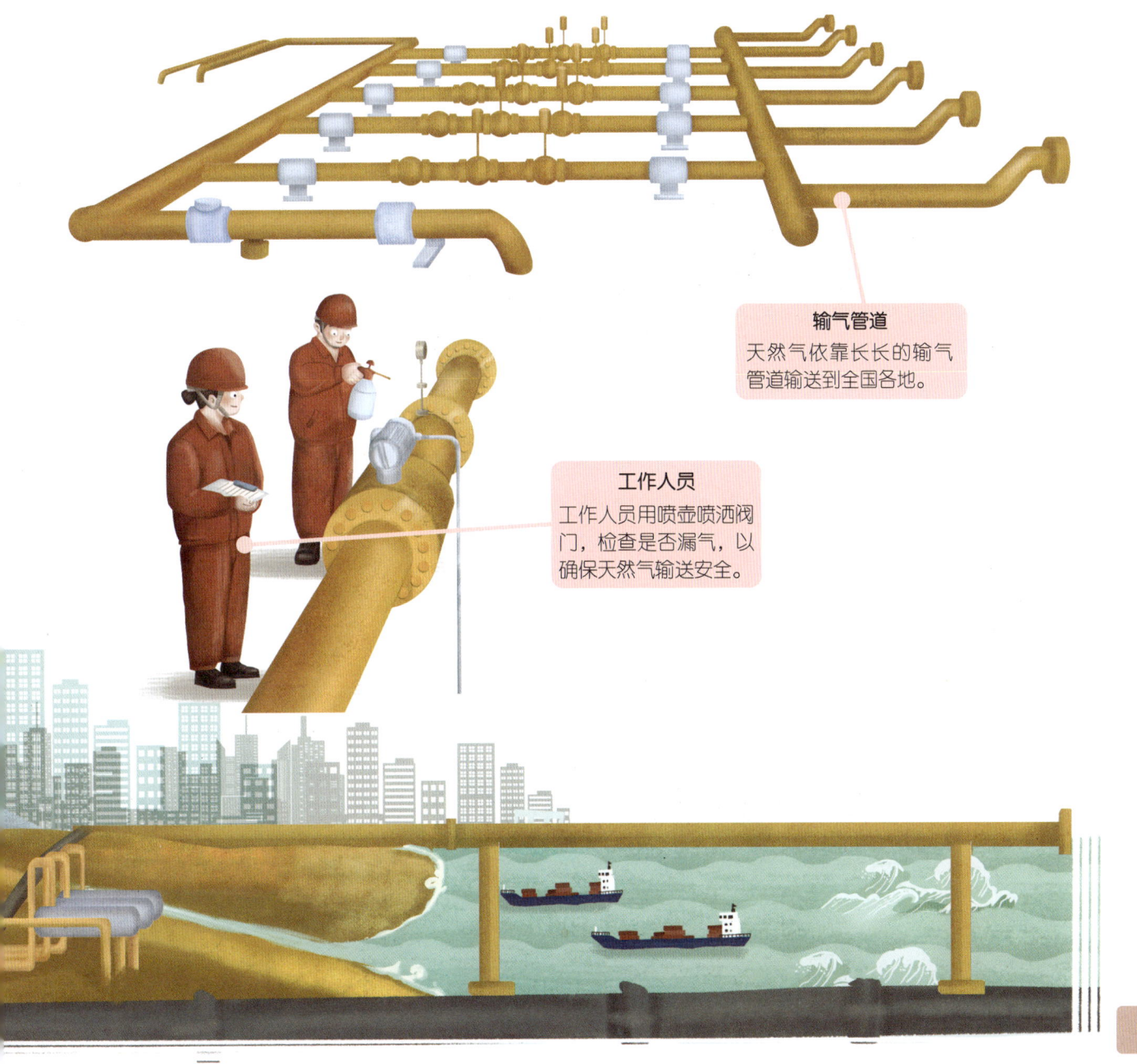

输气管道
天然气依靠长长的输气管道输送到全国各地。

工作人员
工作人员用喷壶喷洒阀门，检查是否漏气，以确保天然气输送安全。

了不起的现代军工与航天燃料

中国蓬勃发展的新能源与军工航天事业离不开与之配套的燃料技术。无论是威力惊人的核武器,还是利用核能发电的核电站,都离不开核燃料。洲际导弹含有多层推进装置,里面装载大量的液体或固体燃料,可以把导弹发射到非常远的地方,保卫国家安全。

核武器
核武器爆炸时会升腾起滚滚的蘑菇云。中国在1964年成功试爆原子弹,成为世界上第5个拥有核武器的国家。

核燃料
核燃料可以释放出惊人的能量。

洲际导弹
洲际导弹不仅射程远,而且威力巨大。中国自主研制的东风-41洲际核导弹,最大射程可达14000千米,是中国捍卫国家安全、维护世界和平的王牌武器之一。

人类探索的目光已经投向太空，运载火箭是探索太空常用的工具。火箭的燃料主要分为液体燃料、固体燃料和固液混合型燃料 3 种，它们在被点燃后会释放出巨大能量。当发动机点燃，在惊天动地的轰鸣声中，火箭腾空而起，喷出雄壮的尾焰，将人造卫星、载人飞船等航天器送向浩渺的太空。

点燃燃料
火箭发射时，燃料一般会被推送到燃烧室点燃，火焰通过喷管口喷出，产生巨大的能量。

火箭发射
长征系列运载火箭是中国自行研制的火箭系列。2008 年第一次将中国人送上太空的"神舟七号"载人航天飞船，2019 年在人类历史上首次登陆月球背面的"嫦娥四号"探测器，它们都是被长征系列火箭发射到太空中去的。

发射倒计时
火箭发射前，指令员会喊倒计时口令："10，9，8，7，6，5，4，3，2，1，点火！"操作员根据口令点燃火箭燃料。

三级火箭
三级火箭是由三节火箭组成的。1970 年，中国使用三级火箭"长征一号"，成功发射了第一颗人造卫星"东方红一号"。

火的小课堂

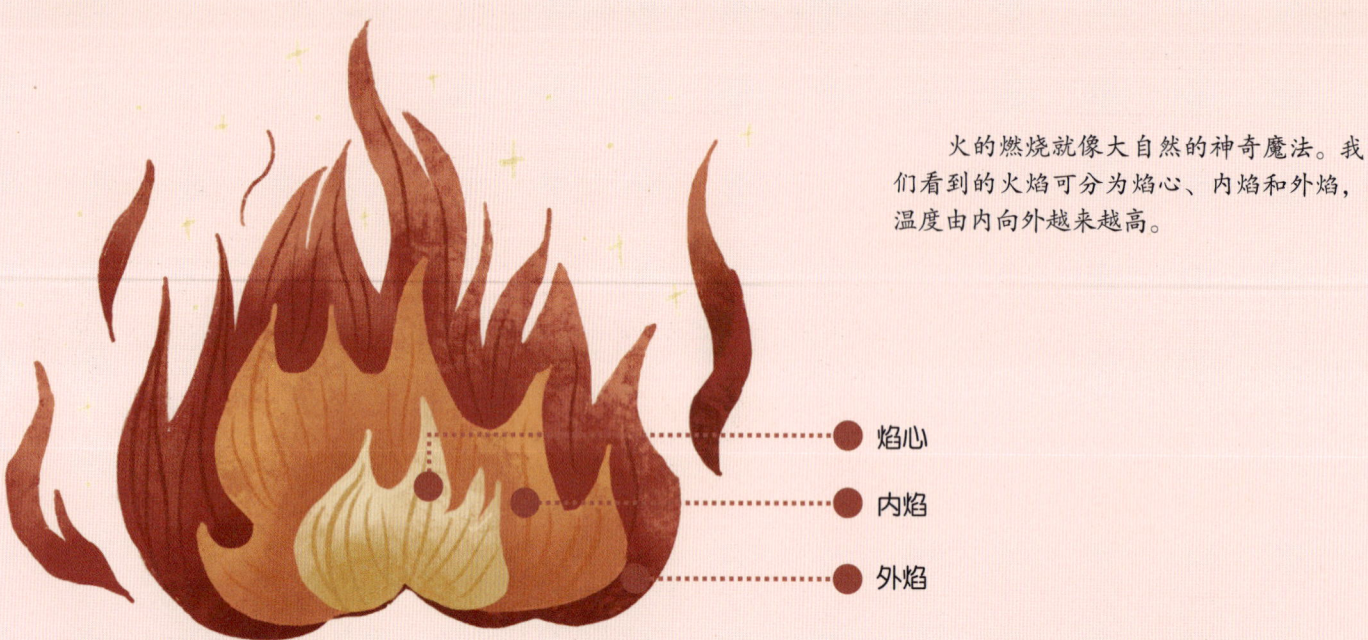

火的燃烧就像大自然的神奇魔法。我们看到的火焰可分为焰心、内焰和外焰，温度由内向外越来越高。

● 焰心
● 内焰
● 外焰

燃烧必备三大条件

❶ 燃烧需要可燃物，也就是火的燃料。有固体可燃物，比如木材、纸张和某些金属；有液体可燃物，如汽油、酒精；还有气体可燃物，如氢气、甲烷等。

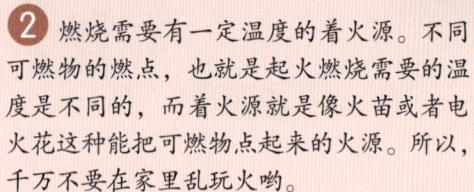

❷ 燃烧需要有一定温度的着火源。不同可燃物的燃点，也就是起火燃烧需要的温度是不同的，而着火源就是像火苗或者电火花这种能把可燃物点起来的火源。所以，千万不要在家里乱玩火哟。

❸ 燃烧需要助燃物，就是能帮助和支持燃烧的物质。最常见的就是空气中的氧。你看，用风箱给炉子里送风，其实就是在给它输送氧气。

灭火器

根据燃烧必备的三个条件，灭火也可以由这三个方面入手：除去燃烧物、降温和隔绝氧气。后两者是许多灭火器设计的原理。不过，即使有灭火器，也请记住，一旦发生重大火情，一定要第一时间逃生并拨打 119 火警电话！

火的小趣闻

面粉爆炸

平时用来做食物的面粉是可燃物哦。如果把面粉撒在空中，每一粒面粉都和空气充分接触，此时如果遇到火源，就会瞬间发生燃烧和爆炸。所以，在家里使用面粉时，记住千万要远离火源，而且不要让面粉满天飞。

屁也能点着

我们放的屁中含有氢气和甲烷等可燃气体。从科学角度分析，当屁中的氢气和甲烷达到一定浓度时，在一定条件下是可以被点燃的。不过，到目前为止，我们还没有听说过因为放屁而惹出火灾的新闻。

"鬼火"

夜晚，荒郊野外有时会有一团蓝火飘浮在空中。这难道是传说中的"鬼火"？不要怕，这其实是一种自燃的现象。动植物尸体腐烂后，会产生一种叫硫化氢的物质，硫化氢的燃点很低，在夏日夜晚自燃时，便形成了我们看到的"鬼火"。

太空中的火

火焰的形状和重力有关。正常状态下火焰的形状是向上翻腾的，但在太空中失重的状态下，火焰的形状更像一个球形。

火焰龙卷风

这是一种出现在特定条件下的罕见现象。由于火的热力令空气上升，四周空气涌入，形成龙卷。火苗形成一个垂直的旋涡，像龙卷风一般直刺天空。

火

从祖先们在山洞中点燃第一堆篝火那天起，人类前行的每一步，背后都有火的助力。火改变着世界，指引人类走进文明时代。中国人利用火焰创造了辉煌的文明，同时也在对火的认识中孕育出独特的智慧与性格。《现代汉语词典》（第7版）记载了407个以"火"为偏旁的汉字，每一个汉字的背后，都是一段中国人与火的故事。亲爱的朋友，看完本书关于火的故事，火在你的脑海中是否也变得有些不一样了呢？合上书页的这一刻，我们更能体会祖先利用火焰创造的文明的伟大。中华文明之火，照耀我们走向更加光明的未来。

灯 荧 炮 荧 爆 燎
  爆 炖   炭
  燎
    炝 煤 燔 烽
        燥 熠
灭   燃   炭 烧
          炀   灰
    熠 炒 炱
    爆 炀 灶 灿
火

微信公众号
狐狸家FoxFamily

微信小程序
狐狸家

书香童年 川少相伴

狐狸家
东方文化儿童教育

　　狐狸家，东方文化儿童教育品牌，秉持"一切皆原创"的理念，致力于为孩子讲好每一个东方故事。狐狸家唯愿中国儿童爱上母体文化，学会感时、惜物、得体，学会一世从容的做人风范。

狐狸家其他作品推荐

《三国演义绘本》
水墨珍藏版经典系列
孩子一眼着迷，轻松读懂名著

《唐诗里的中国》
唐诗拓展阅读绘本版
通览历史背景，读懂诗中深意

《狐狸家的中国味道》
中国人世代相传的美食
享受四季之美，体味团圆之暖

《古诗词一百首》
小学阶段必备古诗词
打通古今隔阂，走进诗词深处

《东方文化图腾》
一本正经的神兽指南
取材古籍碎片，重述东方图腾

图书在版编目（CIP）数据

火 / 狐狸家著. -- 成都：四川少年儿童出版社，2021.12（2025.5重印）
（给孩子的中华文明百科）
ISBN 978-7-5728-0485-4

Ⅰ.①火… Ⅱ.①狐… Ⅲ.①中华文化-儿童读物 Ⅳ.①K203-49

中国版本图书馆CIP数据核字(2021)第265851号

出版人：余 兰	绘 者：上官卓峄
总策划：阮 凌	文字润色：柴岚绮
项目统筹：高海潮 程 骥	美术编辑：汪丽华 刘婉婷
著 者：狐狸家	装帧设计：徐 骅 丁运哲
责任编辑：程 骥	责任校对：刘国斌
特约编辑：王雅婷 徐 骅	责任印制：李 欣

GEI HAIZI DE ZHONGHUA WENMING BAIKE HUO

书 名：给孩子的中华文明百科·火	尺 寸：245mm×210mm
出 版：四川少年儿童出版社	开 本：16
地 址：成都市锦江区三色路238号	印 张：4.5
网 址：http://www.sccph.com.cn	字 数：90千
网 店：http://scsnetcbs.tmall.com	版 次：2022年8月第1版
经 销：新华书店	印 次：2025年5月第4次印刷
印 刷：成都市金雅迪彩色印刷有限公司	书 号：ISBN 978-7-5728-0485-4
	定 价：29.80元

若发现印装质量问题，请及时与发行部联系调换。
地 址：成都市锦江区三色路238号新华之星A座23层四川少年儿童出版社发行部
邮 编：610023